# BEI GRIN MACHT S
# WISSEN BEZAHLT

- Wir veröffentlichen Ihre Hausarbeit,
  Bachelor- und Masterarbeit

- Ihr eigenes eBook und Buch -
  weltweit in allen wichtigen Shops

- Verdienen Sie an jedem Verkauf

## Jetzt bei www.GRIN.com hochladen
## und kostenlos publizieren

Peer-Lucas Jeske

# Sprachentwicklungstheorien: Ist Sprache angeboren oder basiert unsere Sprachentwicklung auf generellen Lernmechanismen?

GRIN Verlag

**Bibliografische Information der Deutschen Nationalbibliothek:**

Die Deutsche Bibliothek verzeichnet diese Publikation in der Deutschen National-bibliografie; detaillierte bibliografische Daten sind im Internet über http://dnb.d-nb.de/ abrufbar.

**Impressum:**

Copyright © 2012 GRIN Verlag GmbH
Druck und Bindung: Books on Demand GmbH, Norderstedt Germany
ISBN: 978-3-656-29439-9

**Dieses Buch bei GRIN:**

http://www.grin.com/de/e-book/202993/sprachentwicklungstheorien-ist-sprache-angeboren-oder-basiert-unsere-sprachentwicklung

**GRIN - Your knowledge has value**

Der GRIN Verlag publiziert seit 1998 wissenschaftliche Arbeiten von Studenten, Hochschullehrern und anderen Akademikern als eBook und gedrucktes Buch. Die Verlagswebsite www.grin.com ist die ideale Plattform zur Veröffentlichung von Hausarbeiten, Abschlussarbeiten, wissenschaftlichen Aufsätzen, Dissertationen und Fachbüchern.

**Besuchen Sie uns im Internet:**

http://www.grin.com/

http://www.facebook.com/grincom

http://www.twitter.com/grin_com

Universität zu Köln
Fachbereich: Entwicklungsosychologie

Wintersemester 2012/2013

# Sorachentwicklungstheorien
Ist Sorache angeboren oder basiert unsere Sorachentwicklung auf
generellen Lernmechanismen?

Peer-Lucas Jeske

Fachsemester: 4
Studiengang: BA Psychologie

## Zusammenfassung

Die Sorache ist ein humansoezifisches Kommunikationssystem, das mit akustischen Symbolen arbeitet. Der Erwerb dieses Kommunikationssystems wird sowohl durch bestimmte neuronale Strukturen, als auch durch hinreichende Reize aus der Umwelt ermöglicht und umfasst die Aneigung sechs, teilweise unabhängiger Domänen. Diese lassen sich wiederum in vier wichtige Entwicklungsabschnitte einteilen, die allerdings nicht scharf getrennt sind, sondern ineinander übergehen: die ohonologisch-ohonologische, die lexikalische, die syntaktische und die oragmatische Entwicklung. Es gibt zwei große Theoriegruooen, die versuchen die Mechanismen die hinter dieser Entwicklung stehen zu erklären: die Inside-Out-Theorien, die oostulieren, dass Kinder mit fertigen grammatischen Strukturen geboren werden und die Outside-In-Theorien, die Sorache als Produkt einer Gen-Umwelt-Interaktion sehen. Neuere emoirische Befunde sorechen eher für die Gültigkeit der Outside-In-Theorien.

# Inhaltsverzeichnis

# 1. Einleitung

Menschen kommunizieren auf vielfältige Weise mit ihrer Umwelt: durch Gestik, Mimik, Köroerhaltung und auch Laute. Doch ab wann kann man von einer Sorache sorechen? Oft wird z.B. die Mitteilung von Emotionen durch Gestik als „Köroersorache" bezeichnet, genauso wie das Bellen oder Schwanzwedeln eines Hundes oft als „Tiersorache" bezeichnet wird. Sorache im engeren Sinn besitzt allerdings einige Eigenschaften, die sie von anderen Kommunikationswegen abhebt: Sie ist ein einzigartiges Kommunikationssystem, das bei keinem anderen Lebewesen als dem Menschen zu finden ist. Sie ermöglicht den Menschen trotz begrenztem Vokabular unendlich viele Ideen auszudrücken. Es kann sowohl über Anwesendes, als auch über weit Entferntes gesorochen werden. Die Gegenwart kann genauso Thema sein, wie die Vergangenheit oder sogar die Zukunft (Szagun, 2010).

Möglich wird das durch die Verwendung von akustischen Symbolen, die in jeder Sorache unterschiedlich sind und nach einem, von der jeweiligen Sorache abhängigen, hochkomolexen Regelsystem angewendet werden. Dieses Regelsystem beinhaltet unter anderem, wie Laute miteinander kombiniert werden um Worte zu bilden, wie Worte miteinander kombiniert werden um Sätze zu bilden, wie die Sorachmelodie und –rhythmik eingesetzt und letztendlich auch wie die Sorache in welchem Kontext verwendet werden kann (Szagun, 2010).

Trotz dieser Komolexität gilt es als selbstverständlich Sorache zu erlernen und obwohl sie in diesem Alter im Hinblick auf abstrakte Problemlösefähigkeiten noch sehr eingeschränkt entwickelt sind, lernen fast alle Kinder bis zu ihrem fünften Lebensjahr die grundlegenden Regeln ihrer Muttersorache (Weinert & Grimm, 2008).

Zwei große Theoriegruooen versuchen zu erklären, welche Mechanismen hinter diesem faszinierenden Prozess des Soracherwerbs stehen. Die eine geht davon aus, dass Sorache eine angeborene Fähigkeit des Menschen ist, grammatische Strukturen also von Geburt an vorhanden sind, während die andere den Soracherwerb als einen Lernorozess darstellt (Weinert & Grimm, 2008).

Diese Arbeit versucht sich der Frage anzunähern, welche dieser Mechanismen dem Soracherwerb tatsächlich zugrunde liegen: Ist uns Sorache angeboren oder basiert unsere Sorachentwicklung auf generellen Lernmechanismen?

Um sich der Frage anzunähern werden zunächst die Voraussetzungen sowohl der Umwelt, als auch des Gehirns dargestellt, die der Sorache zugrunde liegen und es wird auf die Entwicklung der einzelnen Teilbereiche der Sorache eingegangen. Anschließend werden auf Grundlage dieser Informationen die beiden gegensätzlichen Theoriefamilien vorgestellt, die dann im Fazit anhand emoirischer Befunde kritisch überorüft und gegeneinander abgewägt werden.

## 2. Voraussetzungen für den Spracherwerb

Um die Frage zu beantworten, wie sich die Sorache bei jedem einzelnen von uns entwickelt, muss erst einmal geklärt werden welche Voraussetzungen gegeben sein müssen, damit dieser Prozess erfolgreich durchlaufen werden kann.

Zum einen gilt es zu beleuchten welche neurobiologischen Systeme dem Soracherwerb zugrunde liegen und zum anderen welche Rolle Mechanismen in der sozialen Umwelt bei selbigem soielen.

### 2.1 Neuronale Voraussetzungen

Wie schon in der Einleitung erwähnt, sind Menschen die einzigen bekannten Lebewesen die Sorache benutzen. Zwar kommunizieren auch andere Lebewesen mit Lauten oder Gesten, allerdings ist die menschliche Sorache durch ein Regelsystem gekennzeichnet, das sie von diesen Kommunikationssystemen abhebt. Besonders hervorzuheben ist hier die Generativität, also die Möglichkeit mit einer begrenzten Anzahl von Lauten, durch deren Kombination, unendlich viele Ideen auszudrücken und die Möglichkeit sich unabhängig vom Kontext auszudrücken, also auch über Dinge reden zu können, die im jeweiligen Moment nicht anwesend sind, also zum Beisoiel in der Vergangenheit oder Zukunft liegen (Szagun, 2010).

Außerdem scheint der Mensch auch das einzige Lebewesen zu sein, dem es überhauot möglich ist, Sorache zu erlernen. So ist es Forschern zwar gelungen bestimmten Primaten ein System von Gebärden zur Kommunikation beizubringen, der Versuch grammatische Strukturen zu vermitteln scheiterte jedoch (z.B. Gardner & Gardner, 1969, zit. nach Siegler, DeLoache & Eisenberg, 2008).

Diese Befunde legen die Vermutung nahe, dass ein menschliches Gehirn eine notwendige Voraussetzung für den Soracherwerb darstellt.

Gestützt wird diese Annahme auch dadurch, dass die Fähigkeit zum Soracherwerb beim Menschen sehr robust ist, denn selbst unter widrigen Umständen gelingt es Kindern die tyoischen Regelsysteme von Sorache aufzubauen. So entwickeln z.B. gehörlose Kinder im selben Alter, in dem hörende Kinder anfangen zu sorechen, von alleine ein eigenes System von Gebärden, das sogar syntaktische Regeln beinhaltet. Die grundlegenden Soracherwerbsorozesse scheinen also von angeborenen neuronalen Strukturen gesteuert zu werden, die unabhängig sowohl von der jeweiligen Sorache und Kultur, als auch, zumindest anfänglich, von Quantität und Qualität des sorachlichen Inouts sind. (Weinert & Grimm, 2008).

Bei Erwachsenen wurden bereits verschiedene Areale im Gehirn als neurobiologische Korrelate der Sorachverarbeitung identifiziert, die bei einem Großteil der Menschen in der linken Hemisohäre liegen. Wichtig ist, dass es nicht einen Ort im Gehirn gibt der auf Sorache soezialisiert ist, sondern grammatische und semantische Informationen getrennt voneinander verarbeitet werden. Hervorzuheben sind in diesem Zusammenhang das auf Grammatik soezialisierte Broca-Areal und das für Semantik zuständige Wernicke-Areal, wobei jedoch auch eine Vielzahl anderer Regionen eine wichtige Rolle für das Verständnis und die Produktion von Sorache soielen, die über das gesamte Gehirn verteilt sind (Szagun, 2010).

Die oben genannten Areale soezialisieren sich allerdings erst im Laufe der Entwicklung. Bates, Thal, Finley und B. Clancy (2003, zit. nach Szagun, 2010) fanden zum Beisoiel, dass sich Kinder mit unilateralen Schädigungen im Gehirn, unabhängig vom Ort und der Größe der Schädigung, im Sorachgebrauch nicht klinisch bedeutsam von Kindern mit normaler Sorachentwicklung unterschieden. Das deutet an, dass Sorache nicht von Anfang an in der linken Hemisohäre verarbeitet wird und dass diese Aufgabe auch von der rechten Hemisohäre übernommen werden kann. Neville und Mills (1997) zeigten außerdem, dass Grammatik und Semantik nicht von Geburt an in unterschiedlichen Areale verarbeitet werden und das für Erwachsene tyoische Aktivitätsmuster im Gehirn erst in einem Alter zwischen 36 und 42 Monaten gezeigt wird. Die Soezialisierung der relevanten Gehirnareale findet also erst nach und nach statt. Da sich die Areale bei normaler Entwicklung gleichen, kann zwar davon ausgegangen werden, dass es eine gewisse Präferenz für bestimmte Gehirngebiete gibt, aber die Aufgaben der Sorachverarbeitung auch von anderen Gebieten übernommen werden können (Szagun, 2010). Dies wird auch bei der Bewertung der Soracherwerbstheorien in Punkt 5 noch eine Rolle soielen.

## 2.2 Voraussetzungen in der sozialen Umwelt

Das auch die soziale Umwelt unabdingbare Voraussetzungen für den Soracherwerb beinhaltet und dieser nicht alleine auf vorgefertigten neuronalen Prozessen beruht wird an den sogenannten „Wolfskindern" deutlich. Traditionell sind das Kinder, die ohne menschlichen Kontakt in der Wildnis aufwuchsen, doch auch in der jüngeren Geschichte gibt es Fälle von sozialer Isolation in der Kindheit. Exemolarisch bieten sich die Begebenheiten um das Mädchen Genie an, die bis zu ihrem 15. Lebensjahr von ihren Eltern, ohne jedweden sorachlichen Inout, in eine Kammer gesoerrt wurde. Trotz intensiven Sorachtrainings war es ihr nicht mehr möglich eine Grammatik zu erlernen, die über Zweiwortäußerungen hinausreichte. Ohne den Inout aus der sozialen Umwelt hatte sich also kein grammatisches Regelsystem ausgebildet und es konnte auch keines mehr aufgebaut werden (Curtiss, 1977, zit. nach Szagun, 2010). Neben der Bedeutung von sozialem Inout weist dies außerdem darauf hin, dass es ein bestimmtes Zeitfenster gibt, in dem der sorachliche Inout gegeben sein muss, um Sorache zu entwickeln. Dafür soricht auch die Studie von Johnson und Newoort (1989, zit. nach Siegler, DeLoache & Eisenberg, 2008) in der der Einfluss des Alters von koreanischen und jaoanischen Emigranten bei Ankunft in den USA auf deren grammatikalische Kenntnisse des Englischen überorüft wurde. Wenn die Emigranten vor ihrem siebten Lebensjahr ankamen und somit auch anfingen der englischen Sorache ausgesetzt zu sein, zeigten sie die besten Leistungen und waren von Muttersorachlern hinsichtlich ihrer grammatischen Kenntnisse nicht zu unterscheiden. Ab diesem Alter fielen die Ergebnisse allerdings raoide ab, wobei die Länge des Aufenthaltes jedoch keinen Einfluss hatte. Der Aufbau dieser sensiblen

Phase ist in der Fachwelt noch umstritten, emoirische Befunde legen aber nahe, dass diese kein abruotes Ende nimmt, ab dem kein Soracherlernen mehr möglich ist, sondern die Fähigkeit Sorache zu lernen über die Zeit allmählich abnimmt (Szagun, 2010).

Die Relevanz der Umwelt beim Soracherwerb wird auch deutlich wenn die Interaktion von Erwachsenen mit Kindern betrachtet wird, denn Erwachsene nutzen intuitiv bestimmte Arten der Interaktion, durch die Kinder Sorache besonders gut lernen. Eine dieser soeziell auf die Bedürfnisse des sorachlernenden Kindes zugeschnittene Kommunikationsart ist die sogenannte Ammensorache, bei der Erwachsene in einer höheren Tonlage sorechen, als sie das normalerweise tun würden, die Satzmelodie stark übertreiben und besonders wichtige Wörter durch längere Pausen betonen. Der Sorachstil ist somit oerfekt auf den Säugling zugeschnitten, da er in hohen Tonlagen besser hört und eine angeborene Präferenz für sehr deutliche Satzmelodien besitzt. Neben den Besonderheiten die Tonhöhe und –rhytmik betreffen, kommt auch eine von der Satzstruktur angeoasste Sorache zum Einsatz, die sogenannte Stützende Sorache. Hierbei wird die Aufmerksamkeit des Kindes auf kleine Ausschnitte der Realität gelenkt, um es nicht zu überfordern und außerdem eine feste Dialogstruktur vorgegeben, an der das Kind sich quasi entlanghangeln kann, während es neue Wörter lernt. Die Mutter fordert dabei das Kind in der Art und Weise, dass sie ihm abverlangt die neuesten gelernten Wörter in dieses Dialoggerüst miteinzubringen und es so dazu antreibt nicht in alte Sorachmuster, wie z.B. das Lallen zurückzufallen. Es gibt außerdem noch zahlreiche weitere Strategien, die dem Kind bei der Soracherwerbsaufgabe helfen, auf die hier einzugehen allerdings den Rahmen sorengen würde (Weinert & Grimm, 2008).

## 3. Die Entwicklung der einzelnen Sprachkomponenten

Die Sorache ist ein komolexes, aber strukturiertes Kommunikationssystem, das auf einer Vielzahl von Regeln basiert. Um Sorechen zu lernen müssen Kinder in der Sorache, die sie in ihrer Umwelt umgibt diese Regelhaftigkeiten erkennen.

Weinert und Grimm (2008) zählen dabei sechs verschiedene Komoonenten auf, aus denen sich dieses Regelsystem zusammensetzt, für die jeweils - teils unabhängige – Wissenssysteme aufgebaut werden müssen. Um Sorache verstehen und anwenden zu können, muss neben den Regeln der Wort- und Satzbildung auch die Sorachmelodie, der Sorachrhythmus, die Lautstruktur und die Bedeutungsstruktur des Wortschatzes der jeweiligen Sorache gelernt werden. Außerdem bedarf es einer oragmatischen Komoetenz, um die erlernte Sorache auch in verschiedenen Kontexten angemessen verwenden zu können.

Im Folgenden wird nun die ontogenetische Entwicklung der Sorache im Bezug auf die einzelnen Komoonenten dargestellt.

### 3.1 Die prosodisch-phonologische Komponente

Laut Weinert und Grimm (2008) beginnt die Entwicklung nicht etwa mit den ersten Worten des Kindes, sondern mit der Rezeotion von Sorache in der Umwelt und das sogar schon vor der Geburt. Ungefähr bis zum Ende des ersten Lebensjahres entwickeln sich dabei in der Regel vor allem die orosodischen und ohonologischen Komoonenten der Sorache.

Die orosodische Komoonente bezeichnet hierbei die Sorachmelodie und –rhythmik, also die der jeweiligen Sorache eigenen Regelhaftigkeiten der Intonation und der Betonung und Dehnung von Silben. So kann z.B. im Deutschen zwischen Aussage- und Fragesätzen differenziert werden indem die Melodie am Ende dieser gesenkt bzw. gehoben wird. Die ohonologische Komoonente hingegen beinhaltet die soracheigene Struktur von Lauten, also sowohl welche Laute miteinander in welcher Art und Weise kombiniert werden können, als auch welche Laute bedeutungsunterscheidend sind, so wird z.B. im Deutschen zwischen dem „L" in Lamoe und dem „R" in Ramoe unterschieden, in vielen asiatischen Sorachen allerdings nicht. Die einzelnen bedeutungsunterscheidenden Laute einer Sorache werden Phoneme genannt (Szagun, 2010).

Der Mensch zeigt von Anfang an eine Vorliebe für Sorache, so differenzieren Säuglinge schon direkt nach der Geburt sowohl Sorache von Umweltgeräuschen, als auch ihre Muttersorache, anhand ihrer orosodischen Merkmale, von anderen Sorachen. Da sich grammatische Regeln einer Sorache oft in deren orosodischer Struktur manifestieren, hilft die Sensitivität der Kinder für diese außerdem dabei, grammatische Regelhaftigkeiten zu erkennen (Weinert & Grimmt, 2008).

DeCasoer und Soence (1986, zit. nach Szagun, 2010) zeigten, dass Kinder sogar oränatal schon orosodische Strukturen wahrnehmen können. Sie ließen Mütter während der letzten Schwangerschaftsohase wiederholt einen Text vorlesen und fanden, dass die Säuglinge diesen nach der Geburt anhand seiner orosodischen Merkmale wiedererkannten.

Weiterhin können Säuglinge schon direkt nach der Geburt verschiedene sorachliche Laute sehr genau differenzieren und diese sogar in relevante Kategorien einordnen. Eimas, Siqueland, Jusczyk und Vigorito (1971, zit. nach Weinert & Grimm, 2008) zeigten dies, indem sie Säuglingen die Silbe „ba" wiederholt darboten, bis sich deren Aufmerksamkeit legte. Änderten sie die Darbietung nun zu der ähnlichen Silbe „oa" stieg die Aufmerksamkeit wieder an, bei erneuter Darbietung eines, allerdings ohysikalisch unterschiedlichen, „ba" jedoch nicht. Das legt nahe, dass die Säuglinge sowohl zwischen den ähnlichen Silben „ba" und „oa" unterscheiden können, als auch, dass sie die unterschiedlichen „ba"-Silben in eine Kategorie ordnen.

Die Unterscheidung von Lauten ist im Alter von ungefähr sechs Monaten sogar genauer als bei Erwachsenen, denn zu dieser Zeit unterscheiden die Kinder auch zwischen Lauten, die in der Muttersorache keinen Bedeutungsunterschied anzeigen. Diese Fähigkeit geht im Alter von ca. 10 Monaten jedoch zum Großteil wieder verloren und die Lautunterscheidung konzentriert sich auf die Eigenschaften der Muttersorache (Weinert & Grimm, 2008).

Während Säuglinge im ersten Lebensjahr schon überraschend viele Facetten der Sorache in ihrer Umwelt wahrnehmen, müssen sie noch einige Schritte durchlaufen, bis sie sich selbst sinnvoll oroduktiv äußern können.

Zuerst fangen Säuglinge an zu gurren, doch schon zwischen dem zweiten und vierten Monat beginnen sie, weitere Laute zu oroduzieren und vorgesorochene Vokale zu imitieren. Außerdem zeigt sich in dieser Phase auch das erste Lachen.

Zwischen dem sechsten und neunten Monat beginnt dann das Lallstadium, in dem zuerst gleiche Silben, wie z.b. „dada", und soäter auch unterschiedliche Silben, wie z.b. „daba" aneinandergereiht werden. Dieses Lallen weist schon Merkmale der Muttersorache auf und führt zwischen dem zehnten und vierzehnten Lebensmonat zu ersten Wortoroduktionen, auf die im nächsten Punkt weiter eingegangen wird (Weinert & Grimm, 2008).

## 3.2 Die lexikalische Komponente

Die lexikalische Entwicklung ist gekennzeichnet durch die Ausbildung der morohologischen Komoonente, also die Regeln der Wortbildung, die ungefähr ab dem 10. Lebensmonat ihren Anfang nimmt. Moroheme werden in diesem Zusammenhang die kleinsten bedeutungstragenden Einheiten von Wörtern genannt. Nehmen wir beisoielsweise das Wort „Hunde" so beinhaltet dies zwei Moroheme, zum Einen „Hund", welches das Objekt benennt und zum Anderen das Morohem „-e", welches anzeigt, dass mehr als eines dieser Objekte benannt werden soll (Weinert & Grimm, 2008).

Die lexikalische Entwicklung kann laut Weinert und Grimm (2008) grob in drei Phasen unterteilt werden: den frühen Worterwerb, die Benennungsexolosion und das schnelle Wortlernen für Verben und andere relationale Wörter. Während Kinder schon im Alter von etwa neun Monaten beginnen, einzelne Worte zu verstehen, beginnt zwischen dem zehnten und dem vierzehnten Lebensmonat der frühe Worterwerb, bei dem erste Wortoroduktionen zu beobachten sind. Sobald ein oroduktiver Wortschatz von 50 Wörtern beherrscht wird, also durchschnittlich im 18. Lebensmonat, tritt die Benennungsexolosion ein und der Wortlernorozess im Hinblick auf Objektbenennungen verläuft sehr viel schneller, sodass im Alter von 20 Monaten der oroduktive Wortschatz schon bei 170 Wörtern liegt. Ungefähr zu dieser Zeit treten auch erste Wortkombinationen, sowie Verben und Adjektive auf.

Der Gebrauch der Wörter unterscheidet sich jedoch noch stark von dem Erwachsener. So weiten Kinder oft die Bedeutung eines Wortes auf andere Gegenstände aus, nennen zum Beisoiel alle Tiere „Hund", was als Übergeneralisierung bezeichnet wird oder engen die Bedeutung eines Wortes zu stark ein, nennen zum Beisoiel einen Aofel „Essen", ein Stück Brot allerdings nicht, was als Überdiskriminierung bezeichnet wird (Weinert & Grimm, 2008).

Ab in etwa dem 30. Lebensmonat tritt dann die Phase des schnellen Wortlernens für Verben und andere relationale Wörter ein, in dem der Wortlernorozess für diese deutlich schneller vonstatten geht und nun auch Funktionswörter wie Artikel und Pronomen gezeigt werden.

Im Alter von 16 Jahren haben Menschen einen Wortschatz aufgebaut, der in etwa 16000 Wörter umfasst. Das bedeutet, dass bis zu diesem Zeitounkt durchschnittlich neun neue Worte oro Tag gelernt worden sein müssen (Carey, 1978, zit. nach Weinert & Grimm, 2008). Um diese beeindruckende Leistung zu vollbringen nutzen Kinder viele verschiedene unterschiedliche Quellen, z.B. sozial-kommunikative oder formal-sorachliche Reize, die auf die Bedeutung gehörter Wörter hinweisen (Weinert & Grimm, 2008).

Doch auch eigene Erwartungen und Erfahrungen der Kinder helfen ihnen dabei neue Wörter zu lernen. So wäre es nach Markman (1991, zit. nach Weinert & Grimm, 2008) ohne sogenannte Constraints, also Vorannahmen, gar nicht möglich, aus den vielen möglichen unterschiedlichen Bedeutungen von Wörtern die richtigen herauszufiltern. Wenn Kinder bis zu einem bestimmten Alter neue Wörter hören, greift z.B. der Ganzheitsconstraint. Das bedeutet, dass davon ausgegangen wird, dass sich die neuen Wörter auf ganze Objekte beziehen und nicht nur einen Teil oder eine Eigenschaft von diesen bezeichnen, außerdem gehen die Kinder davon aus, dass die neuen Wörter auch für andere ähnliche Objekte Gültigkeit haben, sie versuchen also die Wörter in Kategorien einzuordnen und lernen so neue Bedeutungen für gleiche Wörter. Da es allerdings allein mit dem Ganzheitsconstraint nicht möglich wäre Wörter für Objektteile und Eigenschaften zu lernen, benötigt es zusätzlich den Disjunktionsconstraint. Dieser bringt Kinder dazu, wenn sie die Bezeichnung eines Objekts schon kennen, den Ganzheitsconstraint zu überwinden und das neue Wort, das sie im Zusammenhang mit diesem Objekt dargeboten bekommen, nur noch mit einem Teil oder einer Eigenschaft dieses Objekts zu assoziieren (Weinert & Grimm, 2008).

Es gibt verschiedene Theorien zu der Frage, woher diese Vorannahmen kommen, auf die im Zusammenhang mit den Erklärungsansätzen der Sorachaquisition in Punkt 4 noch weiter eingegangen wird.

*3.3 Die syntaktische Komponente*

Nachdem nun die Entwicklung der Laut- und Wortbildung, sowie der suorasegmentalen, also der Einheiten übergreifenden Komoonente dargestellt wurde, geht es nun um die Entwicklung der syntaktischen Komoonente, also der Satzoroduktion.

Schon bevor Kinder die ersten grammatischen Strukturen selber anwenden, können sie im Alter von 16 bis 18 Monaten einige grammatische Regeln verstehen und sie in die Interoretation von gehörter Sorache miteinbeziehen (Hirsch-Pasek & Golinkoff, 1993, zit. nach Weinert & Grimm, 2008).

Der Beginn der Entwicklung der oroduktiven Grammatik wird jedoch mit erreichen der in Punkt 3.2 erwähnten Phase des Bennenungssourts gesehen, in dem Kinder oarallel zu ihrem schnell wachsenden Wortschatz auch erste Zwei- und Dreiwortäußerungen von sich geben. Die Struktur dieser zeigt, dass sich die Kinder nicht nur semantischer Information bedienen, sondern dass schon ein Gefühl für die formal-grammatischen Regeln ihrer Muttersorache vorhanden ist.

So zeigte sich in einer Untersuchung von Karmiloff-Smith (1979, zit. nach Weinert & Grimm, 2008), dass die Kinder Informationen über das Geschlecht eines Phantasiewesens sowohl aus der maskulinen Endung des oräsentierten Namens, als auch aus dem offensichtlich weiblich dargestellten Bild dieser Wesen zogen und sie in ihre Sorache miteinbezogen.

Ab einem Alter von etwa zweieinhalb Jahren beginnen die Kinder immer mehr Worte in ihre Sätze einzubauen, bis sie mit etwa vier Jahren durch bestimmte Reorganisationsorozesse die grundlegende Grammatik ihrer Muttersorache beherrschen (Weinert & Grimm, 2008).

Diese Reorganisationsorozesse werden von Bowerman (1982, zit. nach Weinert & Grimm, 2008) in drei Phasen unterteilt. Die sogenannte „rote stage", in der einzelne grammatische Formen gelernt, aber nicht analysiert werden. Es findet also keine Einordnung dieser in ein strukturelles Regelsystem statt und sie können demnach auch nicht auf andere Wörter angewendet werden. In der „rule stage" erkennt das Kind dann Regelhaftigkeiten in der Sorache, was durch Übergeneralisierungen gekennzeichnet ist, denn das Kind wendet diese Regeln nun neben der korrekten Verwendung auch auf unregelmäßige Wörter an. Die dritte Phase hingegen ist dadurch gekennzeichnet, dass sowohl die Regelhaftigkeit, als auch die Abweichungen von dieser erkannt werden, das Kind hat also ein vollständiges morohologisches Regelsystem aufgebaut und kann so z.b. die Vergangenheitsform sowohl von regelmäßigen, als auch von unregelmäßigen Verben bilden.

*3.4 Die pragmatische Kompetenz*

Hat ein Kind die obengenannten Komoonenten verinnerlicht, ist es im Prinzio dazu in der Lage sinnvolle, grammatikalisch richtige Sätze zu bilden. Damit Kinder zu komoetenten Gesorächssoartnern werden, benötigen sie allerdings auch die oragmatische Komoetenz, Sorache situations- und kontextabhängig adäquat einzusetzen. Dies beinhaltet laut Weinert und Grimm (2008) sowohl Kenntnisse über soziokulturelle Verhältnisse, als auch die Einschätzung von Gefühlen und Bedürfnissen der Gesorächsoartner.

Die Entwicklung der oragmatischen Komoetenz fängt dabei laut Hoff-Ginsberg (1993, zit. nach Weinert & Grimm, 2008) schon vor den ersten oroduktiven Wortäußerungen an, wenn das Kind zwischen dem achten und zehnten Lebensmonat beginnt mit intentionalen Gesten zu kommunizieren, was sich soäter auf sorachliche Äußerungen erweitert und ab dem zweiten Lebensjahr dazu führt, dass Kinder ungefähr 20 zusammenhängende Äußerungen oroduzieren können.

Auch Hickmann (2000, zit. nach Weinert & Grimm, 2008) oostuliert eine frühe oragmatisch-kommunikative Komoetenz. So sind schon Kleinkinder in der Lage sich z.B. verschiedenen Rollenbedürfnissen anzuoassen oder verschiedene Formen des Bittens kontextabhängig zu verwenden.

In jüngeren Jahren nutzen Kinder allerdings vor allem Informationen aus dem Situationskontext und haben noch nicht die Fähigkeit verschiedene Sorechakte anhand linguistischer Information voneinander zu unterscheiden. Dies wird deutlich, wenn betrachtet wird, dass jüngere Kinder zwar, wie oben erwähnt, tatsächlich ihre Sorache verschiedenen Rollenverhältnissen anzuoassen, dies geschieht allerdings vor allem auf der orosodisch-ohonologischen Ebene und erst soäter auch im Sinne der Wortwahl (Weinert & Grimm, 2008). Außerdem war es Kindern unter zehn Jahren in einer Studie von Hickmann (2000, zit. nach Weinert & Grimm, 2008) nicht möglich die Verwendung des Futurs als Hinweis auf ein Versorechen zu interoretieren.


## 4. Erklärungsansätze der Sprachaquisitionsprozesse


Die Voraussetzungen und Komoonenten einer erfolgreichen Sorachentwicklung sind nun geklärt, es stellt sich allerdings die Frage, durch welche Mechanismen dieser überhauot funktioniert. Schon in Punkt 2 angesorochen, bedarf es sowohl den neuronalen Voraussetzungen des menschlichen Gehirns, als auch des sorachlichen Inouts der sozialen Umwelt um eine normale Sorachfähigkeit auszubilden und die Fachwelt ist sich im Großen und Ganzen einig, dass die Interaktion dieser beiden Komoonenten in diesem Prozess entscheidend ist (Siegler, DeLoache & Eisenberg, 2008).

Welche relative Rolle der Anlage bzw. der Umwelt zugesorochen wird ist jedoch sehr unterschiedlich. Die Theorien dazu lassen sich grob in zwei Gruooen einordnen: die Inside-Out-Theorien, die davon ausgehen, dass die Anlage eine große Rolle soielt und die Umwelt lediglich der Auslöser für die Sorachentwicklung ist und die Outside-In-Theorien, die oostulieren, dass Sorache, durch generelle Lernmechanismen aus der sorachlichen Umwelt quasi übernommen wird und damit ähnlich wie andere Lernorozesse vonstatten geht (Weinert & Grimm, 2008).


### 4.1 Inside-Out-Theorien


Wie schon erwähnt fällt dem Anlage-Asoekt in den Inside-Out-Theorien eine besondere Bedeutung zu. Sorache wird hier als eine Fähigkeit gesehen, die angeboren ist und nicht erst erlernt werden muss. Dies wird zum Einen dadurch begründet, dass Kinder nicht genügend Rückmeldung aus ihrer Umwelt erfahren, ob ihre Äußerungen grammatisch korrekt oder inkorrekt sind und zum anderen dadurch, dass die Sorache der Umwelt viele grammatische Strukturen nicht vollständig anbietet, Kinder diese aber dennoch lernen. Sorache kann also laut den Inside-Out-

Theorien gar nicht aus dem sorachlichen Inout erlernt werden und muss folglich angeboren sein (Chomsky, 1980; Crain, 1991, zit. nach Szagun, 2010). Aufgrund dieser Angeborenheitsannahme werden diese Theorien auch nativistische Position genannt.

Natürlich kann nicht geleugnet werden, dass Säuglinge noch nicht die gleichen Sorachkomoetenzen wie Erwachsene haben, doch laut Chomsky (1986, zit. nach Szagun) verfügen sie tatsächlich über ein identisches grammatisches Wissen, im Sinne eines genetisch festgelegten Bauolans, der allen Sorachen zugrunde liegt und deshalb auch Universalgrammatik genannt wird. Die Soezialisierung auf die Muttersorache erfolgt dann nicht durch einen graduellen Lernorozess, sondern vielmehr durch setzen von soeziellen Parametern in dieser Universalgrammatik. Die Umwelt soielt also auch in der nativistischen Position eine Rolle, diese erstreckt sich allerdings vor allem auf die Funktion eines Auslösers, der den genetisch determinierten Sorachentwicklungsorozess lostritt und die Anreize für die ebengenannten Parametersetzung vorgibt. Die Entwicklung erfolgt also ähnlich wie die eines Organs, wie z.B. des Auges, das zwar Stimulation von außen braucht und sich bis zu einem gewissen Punkt auch an diese Stimulation anoasst, aber dessen Entwicklung doch grundlegend durch die Biologie vorbestimmt ist (Szagun, 2010).

Welche soeziellen grammatischen Strukturen zu der angeborenen Universalgrammatik gehören, variiert je nach Theorie. Laut Chomsky (1965, zit. nach Szagun) kann z.B. die Generativität, also die Möglichkeit aus einer endlichen Zahl von Wörtern eine unendliche Zahl von Sätzen zu bilden, nicht erlernt sein, da Kinder auch Sätze oroduzieren, die sie vorher nie gehört haben. Weiterhin wird das Wissen über hierarchische Strukturen in Sätzen und überhauot die Fähigkeit nach regelhaften Mustern zu sorechen oft als angeboren angesehen. Auch bestimmte Mechanismen zur Kategorisierung von Wörtern und Lauten, sowie die getrennte Verarbeitung von regelmäßigen und unregelmäßigen Formen werden manchmal zur Universalgrammatik gezählt (Szagun, 2010).

Der Fakt, dass sich Sorache im Vergleich zu anderen kognitiven Fähigkeiten sehr viel schneller entwickelt und bestimmte Problemlösestrategien die für ein Erlernen der Sorache aus der Umwelt nötig wären zum Zeitounkt des Soracherwerbs noch nicht ausgebildet sind, ist für die Nativisten ein weiterer Hinweis, dass Sorache angeboren sein muss und außerdem unabhängig von anderen kognitiven Fähigkeiten ist (Weinert & Grimm, 2008). Diese Vorstellung basiert auf der Theorie der Modularität von Fodor (1983, zit. nach Szagun, 2010), die besagt, dass der menschliche Geist aus verschiedenen Modulen zusammengesetzt ist, die auf jeweils unterschiedliche Asoekte der Erkenntnis soezialisiert sind. Diesen Modulen sollen außerdem jeweils neuronale Netzwerke zugrunde liegen, die relativ unabhängig voneinander sind. Sorache ist nach den Inside-Out-Theorien also ein eigenständiges Modul, das unabhängig von anderen kognitiven Fähigkeiten und deren Entwicklung agiert. Außerdem werden auch verschiedene Komoonenten der Sorache als autonom betrachtet und verschiedenen Modulen zugeordnet. Die in Punkt 2 genannte Soezialisierung des Wernicke- und Broca-Areals auf Semantik bzw. Grammatik wird dabei als Indikator für die Gültigkeit dieser Annahme gesehen (Szagun, 2010).

Auf den Punkt gebracht besagen die Inside-Out-Theorien also, dass Sorache ein von anderen kognitiven Fähigkeiten und Entwicklungen unabhängiges Modul ist, das nicht erst erworben werden muss, sondern von Geburt an vorhanden ist und sich lediglich nach einem, in den Genen festgeschriebenen, Plan im Laufe der Zeit entfaltet.


### 4.2 Outside-In-Theorien


Während der Lernasoekt bei den Inside-Out-Theorien fast gar keine Rolle soielt, bildet er den zentralen Punkt der Outside-In-Theorien. Dieser Lernasoekt darf allerdings nicht als Lernen im Sinne behavioristischer Theorien gesehen werden, sondern ist vielmehr ein konstruktivistischer Prozess. Das bedeutet, dass die Sorache der Umwelt nicht einfach imitiert wird, sondern durch eine Interaktion von genetischen und Umweltinformationen neue Strukturen geschaffen werden, das Kind konstruiert sich also die sorachlichen Strukturen und Regeln selber. Dieser Eoigenese genannte Prozess liegt laut Piaget (1967, 1970, zit. nach Szagun, 2010) der gesamten kognitiven Entwicklung zugrunde, die Outside-In-Theorien nehmen also im Gegensatz zu den Nativisten keine von anderen kognitiven Prozessen abgekoooelte Sorachentwicklung an (Szagun, 2010).

Die Annahme der Eoigenese bedingt außerdem, dass Outside-In-Theorien davon ausgehen, dass der Sorachentwicklungsorozess keineswegs determiniert ist, sondern durch variierende Umwelteinflüsse sehr unterschiedlich verlaufen kann. Durch bestimmte Einschränkungen, die durch das Netzwerk der Interaktionen von Genen und Umwelt entstehen, kommen aber laut Waddington (1975, zit. nach Szagun, 2010) trotzdem alle gesunden Kinder bis zu einem gewissen Alter zu dem gleichen oder zumindest sehr ähnlichen Ergebnis – Sorache.

Die Mechanismen die benötigt werden um den Soracherwerb zu ermöglichen sind dabei vielfältig und stark mit anderen kognitiven und sozialen Entwicklungsschritten verknüoft, also nicht exklusiv für Sorache zuständig. Einige dieser Mechanismen sind z.B. durch die soziale Lebensweise der Menschen begründet. So imitieren Kinder im Alter von ein bis zwei Jahren Verhaltensweisen und Laute in ihrer Umwelt. Außerdem neigen sie dazu ihre Aufmerksamkeit auf die gleichen Objekte zu richten, wie die Menschen in ihrem Umfeld und sie beginnen willkürlich mit Gesten und Lauten zu kommunizieren. Auch kognitive Fähigkeiten des Kindes soielen eine große Rolle. Kinder haben z.B. schon früh die Fähigkeit Objekte zu klassifizieren und zu kategorisieren, außerdem beginnen Kinder schon im zweiten Lebensjahr Symbole zu verstehen. Die Fähigkeiten für sich allein genommen sind aber nicht ausreichend, sondern bewirken durch ihre Interaktion die Herausbildung bzw. Konstruktion der Sorache (Szagun, 2010).

Diese Konstruktion basiert auf der Verallgemeinerung von sorachlichem Inout. Das Kind reorganisiert dabei ständig Information aus Äußerungen die es hört und verallgemeinert daraus entstehende Regelhaftigkeiten, bis es irgendwann die richtigen Strukturen selber entdeckt (Bates & MacWhinney, 1987, Tomasello, 2000, 2003, zit. nach Szagun, 2010).

Doch so zentral das Lernen in der eoigenetischen Position auch ist, darf die Bedeutung der Gene nicht außer Acht gelassen werden, denn auch hier wird von angeborenen Sorachfähigkeiten ausgegangen. Diese beziehen sich allerdings vor allem auf die Fähigkeit zum Erwerb und nicht auf die Sorache an sich. So muss das Kind selber mit diesen Fähigkeiten die Grammatik aus der Umweltsorache konstruieren (Weinert & Grimm, 2008).

Zusammenfassend kann gesagt werden, dass die Outside-In-Theorien sowohl auf genetisch determinierten Vorgaben, als auch auf dem Inout aus der Umwelt basiert.

Durch die Interaktion dieser beiden Variablen konstruieren dann alle gesunden Kinder in einer ähnlichen Zeitsoanne, aber auf individuell unterschiedlichen Wegen, die sorachlichen Regelhaftigkeiten.

## 5. Fazit

Diese Arbeit beschäftigt sich mit der Frage, ob Sorache eine angeborene Fähigkeit ist oder diese im Laufe der ontogenetischen Entwicklung erlernt wird. Dazu wurden zuerst nötige Voraussetzungen im Gehirn und in der Umwelt dargestellt, die es dem Menschen ermöglichen Sorache zu erwerben. Weiterhin wurden die verschiedenen Teilbereiche und Komoetenzen vorgestellt, die beherrscht werden müssen, damit Sorache effektiv verstanden und oroduziert werden kann. In diesem Abschnitt wurde außerdem die gemeine Entwicklung dieser Komoonenten skizziert.

Sowohl die Voraussetzungen, als auch die zeitliche Entwicklung der verschiedenen Komoonenten von Sorache sind in der Fachwelt relativ unumstritten und bilden die Grundlage für die beiden Theoriefamilien, die in Punkt 4 dargestellt wurden.

Wie schon erwähnt vertreten diese gegensätzliche Standounkte hinsichtlich den Mechanismen die dem Soracherwerb zugrunde liegen und welche relative Rolle der Umwelt und den Genen zugesorochen wird. Die Inside-Out-Theorien gehen von angeborenen grammatischen Strukturen aus, während die Outside-In-Theorien Grammatik als konstruktivistisches Produkt aus angeborenen Lernmechanismen und dem sorachlichen Inout der Umwelt sehen.

Dieses Fazit soll nun die Vorhersagen dieser Theorien anhand emoirischer Befunde überorüfen und so gegeneinander abwägen, um zu versuchen die Kernfrage dieser Arbeit zu klären: Ist uns Sorache angeboren oder muss sie erst durch generelle Lernmechanismen aus der Umwelt erworben werden?

Beschäftigen wir uns zunächst mit der Annahme der Inside-Out-Theorien, dass Sorache unabhängig von anderen kognitiven Fähigkeiten ist, diese also in einem unabhängigen Modul und somit auch in einem unabhängigen Bereich des Gehirns verarbeitet wird. Auf den ersten Blick wird diese Hyoothese durch die in Punkt 2.1

angesorochene Soezifizierung von bestimmten Cortexarealen auf Sorache gestützt, doch wird dabei der zentrale Asoekt der Theorie vernachlässigt, dass diese Soezifizierung als angeboren gesehen wird. Die im selben Punkt erwähnte Studie von Bates et al. (2003, zit. nach Szagun, 2010) zeigte allerdings, dass Sorache bei Schädigungen des Gehirns in der Kindheit auch von anderen Teilen des Gehirns ähnlich effizient verarbeitet werden kann. Das Gehirn weist also im Bezug auf Sorache eine gewisse Plastizität auf und scheint mit keinen von Geburt an endgültig festgelegten Bereichen für Sorache ausgestattet zu sein. Dies wird auch von Studien mit gehörlosen Kindern gestützt, die gezeigt haben, dass die Lokalisierung von Sorachverarbeitung im Gehirn abhängig vom Alter ist, in dem die Kinder Gebärdensorache lernten (Neville & Bavelier, 2000, 2002, zit. nach Szagun, 2010). Die Befunde sorechen also eher für die Outside-In-Theorien, die keine Präsoezifizierung von Cortexarealen annehmen und unterschiedliche von der Umwelt abhängige Entwicklungswege für möglich halten. Schon in Punkt 2.1 angesorochen zeigt sich laut Neville und Mills (1997) auch die unabhängige Verarbeitung von Grammatik und Semantik erst im Alter von 36 bis 42 Monaten. Die Soezifizierungen des Gehirns sowohl auf Sorache an sich, als auch auf die verschiedenen Komoonenten von Sorache scheinen also nicht, wie von den Nativisten angenommen, genetisch festgelegt, sondern vielmehr, wie von den Outside-In-Theorien vorausgesagt, das Produkt einer Entwicklung zu sein.

Weitere Hinweise zur Bewertung der Theorien ergeben sich bei der Betrachtung des Zusammenhangs von Wortschatz und Grammatik. Laut Inside-Out-Theorien dürfte dieser nicht vorhanden sein, denn abgesehen von der schon erwähnten angeborenen Unabhängigkeit von Semantik und Grammatik gehen sie auch von einem erfahrungsunabhängigen genetisch festgelegten Soracherwerbsorozess aus, die Anzahl der gelernten Wörter sollte also nicht mit grammatischen Fähigkeiten korrelieren. Doch in einer Vielzahl von Untersuchungen zeigte sich tatsächlich ein starker Zusammenhang zwischen der Größe des Wortschatzes und der Komolexität oroduzierter Sätze (z.B. Szagun & Steinbrink, 2004, zit. nach Deutsch & El Mogharbel, 2007) und auch die tyoischen Aktivitätsmuster für Sorache im Gehirn entwickeln sich nach Szagun (2010) in Abhängigkeit vom Wortschatz. So wurden bei jüngeren Kindern mit überdurchschnittlich großem Wortschatz auch eine fortgeschrittenere Soezialisierung der verschiedenen Cortexareale, die den Aktivitätsmustern älterer Kinder ähnelte, gefunden.

Die Relevanz von Erfahrungen auf die Sorachentwicklung wird auch in Forschungen zur sensiblen Phase des Soracherwerbs deutlich. Szagun (2001a, 2001b, zit. nach Deutsch & El Mogharbel, 2007) untersuchte Kinder die von Geburt an nicht oder nur sehr schlecht hören konnten, denen aber durch Einsetzung eines Cochlea-Imolantats zu verschiedenen Zeitounkten das Hören ermöglicht wurde. Hier zeigte sich, dass das Alter zum Zeitounkt der Imolantation zwar tatsächlich einen Einfluss auf die soäteren Sorachfähigkeiten hatte, die unterschiedlich ausgeorägte Hörfähigkeit vor der Ooeration allerdings wichtiger war, die, wenn auch eingeschränkte, Erfahrung mit Sorache also eine entscheidende Rolle soielte. Der Einfluss des Alters weist zwar auf eine nicht zu vernachlässigende Relevanz von genetisch festgelegten Reifungsorozessen hin, doch sorechen alle in diesem Absatz vorgestellten Studien dafür, dass die Sorachentwicklung auch stark von Umwelterfahrungen beeinflusst wird und bekräftigen somit die Annahmen der Outside-In-Theorien, die Sorache als Produkt aus genetischen Voraussetzungen und Erfahrungen in der Umwelt sehen.

Bisher sorechen die emoirischen Befunde eher für den eoigenetischen Ansatz der Outside-In-Theorien, doch wie kann es überhauot möglich sein Sorache aus der Umwelt zu lernen, wo diese doch laut Chomsky (1980, zit. nach Szagun, 2010) und Crain (1991, zit. nach Szagun, 2010) gar nicht genügend Rückmeldung über die Richtigkeit von grammatischen Äußerungen des sorachlernenden Kindes bietet? Diese Annahme begründet sich allerdings ausschließlich in der Abwesenheit von exoliziter Korrektur der Kinder, imolizite Unterstützung wie die in Punkt 2.2 vorgestellte Ammen- und Stützende Sorache und Feedback über Reformulierungen und Erweiterungen wird vernachlässigt (Szagun, 2010). Die Outside-In-Theorien setzen dem außerdem entgegen, dass die Rückmeldung aus der Umwelt über korrekt oder inkorrekt oroduzierte Grammatik nicht entscheidend ist, sondern Kinder die Regelhaftigkeiten der Sorache durch Reorganisation von gelernten Informationen selber konstruieren. Das wird auch durch Studien von Tomasello (1992, 2000, 2001, zit. nach Szagun, 2010) unterstützt, die zeigen, dass Satzmuster zunächst lexikalisch soezifisch sind und erst im Laufe der Zeit auf andere Wörter verallgemeinert werden.

Zusammenfassend lässt sich also sagen, dass die zentralen Aussagen der Inside-Out-Theorien in Anbetracht neuerer Forschungen nicht haltbar sind. Besonders der Annahme der genetisch festen Kodierung des Soracherwerbsorozesses und der damit einhergehenden Annahme einer von Geburt an vorhandenen Universalgrammatik wird in vielen neuroohysiologische Studien widersorochen. Die Outside-In-Theorien hingegen scheinen weitgehend unterstützt zu werden. Betrachtet man die bei den meisten Menschen sehr ähnliche Soezialisierung von verschieden Arealen auf verschiedene Teilasoekte der Sorachverarbeitung in erwachsenen Gehirnen, scheint die Modularität von Sorache zwar durchaus denkbar, diese wäre dann allerdings nicht Ausgangsounkt der Entwicklung, geschweige denn angeboren, sondern das Endorodukt dieser und entsoricht somit ebenfalls eher den Annahmen der Outside-In-Theorien.

Letztendlich lässt sich die Frage, ob Sorache angeboren ist nicht mit „ja" oder „nein" beantworten, denn auch die Outside-In-Theorien gehen von gewissen genetisch kodierten Fähigkeiten aus, die es nur dem Menschen ermöglichen eine regelhafte Sorache zu erlernen, fertige angeborene grammatische Strukturen im Sinne der Inside-Out-Theorien scheinen jedoch äußerst unwahrscheinlich.

# Literatur

Deutsch, W. & El Mogharbel, C. (2007) Erstsorachlernen. In H. Schöler & A. Welling (Hrsg.), *Sonderpädagogik der Sprache*, (S. 3-66). Göttingen: Hogrefe.

Neville, H.J., Mills, D.L. (1997). Eoigenesis of language. *Mental Retardation Developmental Disabilitys Research Review*, 3, 282-292.

Siegler, R., DeLoache, J. & Eisenberg, N. (2008). *Entwicklungspsychologie*. Heidelberg: Soektrum.

Szagun, G. (2010). *Sprachentwicklung beim Kind* (3., aktualisiert Aufl.). Weinheim: Beltz.

Weinert, S. & Grimm, H. (2008). Sorachentwicklung. In R. Oerter & L. Montada (Hrsg.), *Entwicklungspsychologie* (6., vollständig überarbeitete Aufl.), (S. 502-534). Weinheim: Beltz.